A Teresa Palazzo Nazar, minha mulher e mãe dos meus filhos, por ter feito eu acreditar que muitas coisas são possíveis de serem realizadas numa vida amorosa.

Não se deve duvidar do amor de mãe. Por isso mesmo não sentimos necessidade alguma de questionar seu amor. É como se a mãe ocupasse o lugar de um amor eterno. Estamos sempre certos e seguros em relação a seu amor, seu perdão e, por sua compreensão. Não é a mesma coisa com o pai. Nem sempre estamos tão garantidos do amor do pai, mesmo porque o que ele quer dos filhos não é tanto o amor, mas o respeito. O pai é esta função simbólica – não necessariamente o pai será o pai biológico – que interdita a relação toda amorosa mãe e filhos. Ele é o desmancha-prazeres.

O que quer uma mãe? Uma mãe quer duas coisas em sua vida. Primeiro, que seja preservado, a qualquer custo seu amor e seus cuidados por seu filho. Segundo, que seja traduzida como mulher por seu parceiro e que, de preferência, este seja o pai de seu filho. Também quer algo: que seu homem crie condições verdadeiras para que sua relação com o filho se inscreva na história como um amor imbatível. **Viva, portanto, as mães!**

Falar de mãe não é tarefa fácil para ninguém por se tratar de alguém que está acima de tudo o que possamos imaginar. Desta maneira uma mãe é sempre perdoada em todos os sentidos: em seus excessos, erros e cuidados apaixonados.

Mesmo que às vezes ela acredite que sabe o que é melhor para seus filhos, deixamos para lá e seguimos em frente com a vida. Mãe é loucura santa que se torna passaporte de boas intenções para os filhos.

Também, pudera, ela é a senhora dos nossos dias: Mãe é tudo! Daí a máxima secular que diz: **mãe é mãe**!

Uma boa mãe quer o bem do filho. Quer que ele ou ela cresça, estude, trabalhe, case-se e constitua uma família, relançando novas gerações.
E, de preferência, que não fique muito longe dela. Mas, é lógico que algumas outras coisas comparecem entre mãe e filho. Ela é a verdadeira passadora dos valores morais e éticos que se estabelecem no seio da família, numa relação direta com a sociedade. Os bons exemplos que os filhos recebem dentro de casa funcionam como o despertar de uma cidadania. O respeito, que é o bem mais precioso que os filhos herdam de seus pais, vai depender de como os pais se tratam um ao outro: cumplicidade, diálogo, erotismo.

Dizer que a mãe quer alguma coisa para além do amor de seu filho é, no mínimo, paradoxal, uma vez que este é, para ela, o objeto mais precioso da face da terra: é tudo aquilo que lhe causa e satisfaz. O amor de um filho é propriedade exclusiva da mãe, o que faz da relação mãe-filho um universo de segurança e esperanças. Amor de mãe é incondicional. Ele não depende dos atributos que o filho carrega. Ela lhe concede esses atributos. É o único amor que consegue enxergar luz e esperança na mais infinda escuridão.

Uma mãe será a eterna depositária de um perdão, o que permite aos filhos permanecerem numa posição confortável em relação a seu amor na medida em que não precisam lutar ou batalhar para conquistá-lo, pois ele está sempre ali, pronto, de plantão dia e noite, à espera. Amor de mãe não é perecível.

AMIZADE

Mesmo quando uma mãe fica brava e dá aquela bronca no seu filho, sabemos que quase sempre ela se trai. Até mesmo tapa de mãe nunca será forte o suficiente para deixar qualquer marca. Parece que palmada de mãe não dói, é carinho. Ela grita, esbraveja, mas o tom de sua voz demonstra uma outra coisa. Se ela se descabela toda, é porque já tem hora marcada no cabeleireiro. Mãe é assim. Quase sempre ela terminará dizendo: eu vou contar tudo pro seu pai. Bronca de mãe é um mero lembrete para que o filho e a filha não se esqueçam dela.

Desde cedo aprendemos que coração de mãe não tem tamanho. Ele é grande, enorme, e sempre cabe mais alguma coisa, ele é incondicional. Para cada um de nós coração de mãe não tem cor, não tem raça, não tem credo, não tem ideologia, nem mesmo preferência. Mãe é mãe! Por exemplo, se perguntamos a uma mãe qual dos filhos ela gosta mais, a resposta será rápida e sempre a mesma: gosto de todos igualmente, embora seja diferente com cada um. Será?

Mas esse amor, ele mesmo não é tão gratuito assim. O amor de mãe tem um preço, e pode custar muito caro aos filhos. Tanto em seu excesso quanto em sua falta pode provocar marcas na vida de um filho. Qual a boa medida, se é que podemos nos perguntar sobre isso?

Todo amor de mãe será ressituado pela presença do pai. O pai ocupa um lugar fundamental que é para onde se dirige o olhar dessa mãe – enquanto mulher – para além da criança. A função paterna coloca limite numa relação incestuosa, mãe-filho. Condição única para que o pai participe das relações com seus filhos, como um suporte magistral para suas identificações. É o que faz com que uma mãe possa comparecer de todo modo como faltante para seu filho ou sua filha. A falta, em sua justa medida, é uma bênção divina que faz filhos bons e bacanas. Portanto, uma mãe deve saber se significar para seus filhos como mãe faltosa que não seria, de forma alguma, tão somente satisfeita por eles, tornando-os meros objetos de scus caprichos. A mãe então cria condições para que o pai compareça em sua exuberância no cenário familiar.

Quando o pai não responde devidamente aos anseios sexuais desta mãe enquanto mulher, a criança terá que pagar a fatura. Mãe é boca de crocodilo que carrega e protege seu filhote. Um pai intervém no sentido de salvar a criança desta devoção materna. Excesso de mãe – que é igual a pouca presença de pai – provoca o adoecimento dos filhos. As respostas mais comuns são as doenças que se instalam na infância – respiratórias, dependências, distúrbios alimentares [bulimia e anorexia], depressões, hiperatividades – são os exemplos mais comuns dessas invasões bárbaras.

De toda maneira, uma mãe é quase tudo na vida de todos nós. Podemos dizer que ela mesma é força ardente que nasce bem cedo no mais íntimo de nosso ser. É o sagrado de uma voz e de um sorriso que habita o amanhecer de uma criança preparando-a para as apostas da vida. Sua coragem dá o sentido único do desejo do filho em seu entardecer. Sua dignidade e sua altivez é tudo aquilo que o encoraja frente à turbulência derradeira do anoitecer da vida.

APOIO

Então, é realmente isto: mãe é sempre um anjo que ilumina o terreno fértil de um longo caminho que o filho vai seguir em seus momentos de realizações. É a voz que anima e dá força nos momentos de vertigens em que o filho se ressente frente às difíceis decisões a tomar. Ela guarda no peito a chave de um cofre que detém os segredos mais íntimos da vida do filho. Por isso, sempre se repete: eu devia ter escutado o que minha mãe disse.

Quando a mãe carrega dentro de si o filho que ainda vai nascer, ela produz o despertar de suas marcas, que falam de um futuro por vir. Trata-se de um tempo de gestação, em silêncio, que introduz o enigma de uma partida antecipada. São verdadeiros seios soluçantes que se tornam passadores de um desejo que comemora uma vida se fazendo. Eles soluçam a voz nascente de uma mãe que agoniza o nascimento que está por acontecer. Vou fazer uma vida, vou honrar a vida! Um choro que fura o silêncio do vazio, anunciando uma separação que habita o grito do porvir autêntico do nascimento de um novo filho.

Uma mãe partida que sofre de todo modo o fogo ardente da sua glória gestante. Uma dor de alegria, sim, que canta como júbilo o que emerge de uma cumplicidade a mais e que se justifica num amor infindo que jamais irá calar a voz de uma mãe que acaba por entregar seu filho. Mesmo sofrendo a estima do vazio de um ninho abandonado, ela poderá dizer: eu te ofereço a abstinência de meu querer. Eu posso deixar que você, filho querido, caminhe nos andaimes da vida com seus irmãos e seus amigos. Meu ódio de perda, meu ciúme de exclusão, meu abandono de sua ida, ah, meu Deus! Tudo vai ficar guardado, perdoado. Minha dependência é desígnio de mãe! Sou mãe e só eu sei o que é este amor. E isso vai ficar escondido na instância de meu gozo contristado, refém do meu parceiro querido, seu pai. Foi com ele que fiz você, meu filho, naquela noite às escuras, prenhe de desejos em que ele outorgava a legitimidade de meu querer. Com ele vou permanecer, para sempre, guardiã do seu olhar.

MÃE!

JOSÉ NAZAR, psiquiatra e psicanalista. Membro da Escola Lacaniana de Psicanálise de Brasília, do Rio de Janeiro e de Vitória. Membro da Associação Psiquiátrica do Espírito Santo. Membro da Associação Médica do Espírito Santo. Artigos publicados no Jornal A Gazeta – ES. Editor Chefe da Companhia de Freud Editora. E-mail: nazar@ism.com.br

Projeto Gráfico
Fatima Agra

Editoração
FA – Editoração Eletrônica

Capa e Ilustrações
Visca Ilustrador

Editor Responsável
José Nazar

Rio de Janeiro, 2007

CIP-BRASIL. CATALOGAÇÃO-NA-FONTE
SINDICATO NACIONAL DOS EDITORES DE LIVROS, RJ

N245a

Nazar, José
Amor de mãe / José Nazar. – Rio de Janeiro : Cia. de Freud, 2007.

16p.

ISBN 978-85-7724-032-6

1. Amor materno. 2. Mães e filhos. I. Título.

07-3217.

CDD: 150.195
CDU: 159.964.2

Companhia de Freud
Endereço para Correspondência
Rua Barão de Sertório, 48 – casa
Tel.: (21) 2293-7166 • (21) 2293-9440
Rio Comprido – Rio de Janeiro
e-mail: ciadefreud@ism.com.br
www.ciadefreud.com.br